不要这样说

[英] 亚尼内·阿莫斯 / 著　　[英] 安娜贝尔·斯彭斯利 / 绘
[英] 雷切尔·安德伍德 / 幼教顾问　　贾洪宝 / 译

知识产权出版社
全国百佳图书出版单位

图书在版编目（CIP）数据

不要这样说 /（英）阿莫斯著；贾洪宝译 . — 北京：知识产权出版社，2016.1

（我能管好自己）书名原文：Don't say that

ISBN 978-7-5130-3296-4

Ⅰ.①不… Ⅱ.①阿… ②贾… Ⅲ.①品德教育 — 儿童教育 — 家庭教育 Ⅳ.① G78

中国版本图书馆 CIP 数据核字（2015）第 013653 号

First published in the United Kingdom by Cherrytree Books,1999
Copyright©Evans Brothers Ltd.
This edition published under licence from Pila Books Limited.
This edition is only available for sale in Mainland China.

责任编辑：李 潇　　　　　　　　责任校对：谷 洋
装帧设计：于 静　　　　　　　　责任出版：刘译文

我能管好自己 ⑦
不要这样说
[英] 亚尼内·阿莫斯 著　　　[英] 安娜贝尔·斯彭斯利 绘
[英] 雷切尔·安德伍德 幼教顾问
贾洪宝 译

出版发行：知识产权出版社有限责任公司	网　址：http://www.ipph.cn
社　址：北京市海淀区马甸南村 1 号	邮　编：100088
责编电话：010-82000860 转 8133	责编邮箱：elixiao@sina.com
发行电话：010-82000860 转 8101/8102	发行传真：010-82000893/82005070/82000270
印　刷：北京中科印刷有限公司	经　销：各大网上书店、新华书店及相关专业书店
开　本：787mm×1092mm 1/16	字　数：40 千字
版　次：2016 年 1 月第 1 版	印　张：2
ISBN 978-7-5130-3296-4	印　次：2016 年 1 月第 1 次印刷
京权图字：01-2015-0581	定　价：9.00 元

出版权专有 侵权必究
如有印装质量问题，本社负责调换。

画 龙

美术课上,大家都在画龙。

拉梅什给他的龙画上了牙齿。

约翰尼把纸涂得满满的。

拉梅什指着约翰尼的画……

"那根本不是龙!"他笑着说。

"不要这样说!"约翰尼喊道。

"你连龙都不会画!"拉梅什嘲笑道。

约翰尼扔掉了画笔,生气地朝拉梅什挥了挥拳头。

史蒂夫老师走了过来,说:"约翰尼,打架可不行,让我们一起谈谈。"

"他说我画的不是龙!"约翰尼说。

"这样说真的不好,拉梅什!"史蒂夫老师说,"约翰尼会难过的。"

"你用你的方式画龙,约翰尼也在用他自己的方式画龙。"

快下课了。
"我们来看看大家画的龙!"史蒂夫老师说。

"它们都不相同!"拉梅什说。
"是的!"史蒂夫老师笑着说,"每个人都有独特的想法!"

摘西红柿

今天,凯蒂和爸爸在家。
"我们今天做什么?"爸爸问。

"西红柿熟了吗?我们能不能摘?"凯蒂问。

"我来看看!"爸爸说。

"有的已经熟了,"他笑着说,"你开始摘吧,我去拿个碗来。"

凯蒂很激动,开始一个一个地摘起来。

她越摘越多。

"哇!快停下来!"爸爸喊道,"那些绿色的还没熟呢!"

"唉，我真笨！"凯蒂叹了口气，轻声说。

"不要这样说!"爸爸说,"这只不过是个小小的失误。"

"这些生西红柿,怎么办呢?"凯蒂问。

爸爸说:"我们可以把它们放在窗台上……"

"太阳晒一晒,它们渐渐就会红了。"

想一想

　　如果我们不喜欢某个人说的话，就应该让他知道。"不要这样说！"这句话就是告诉他别再说那些话了，而且可以促使他反思一下自己的言行。

　　你最好能向对方解释一下不喜欢这些话的原因，然后再和他一起讨论讨论。